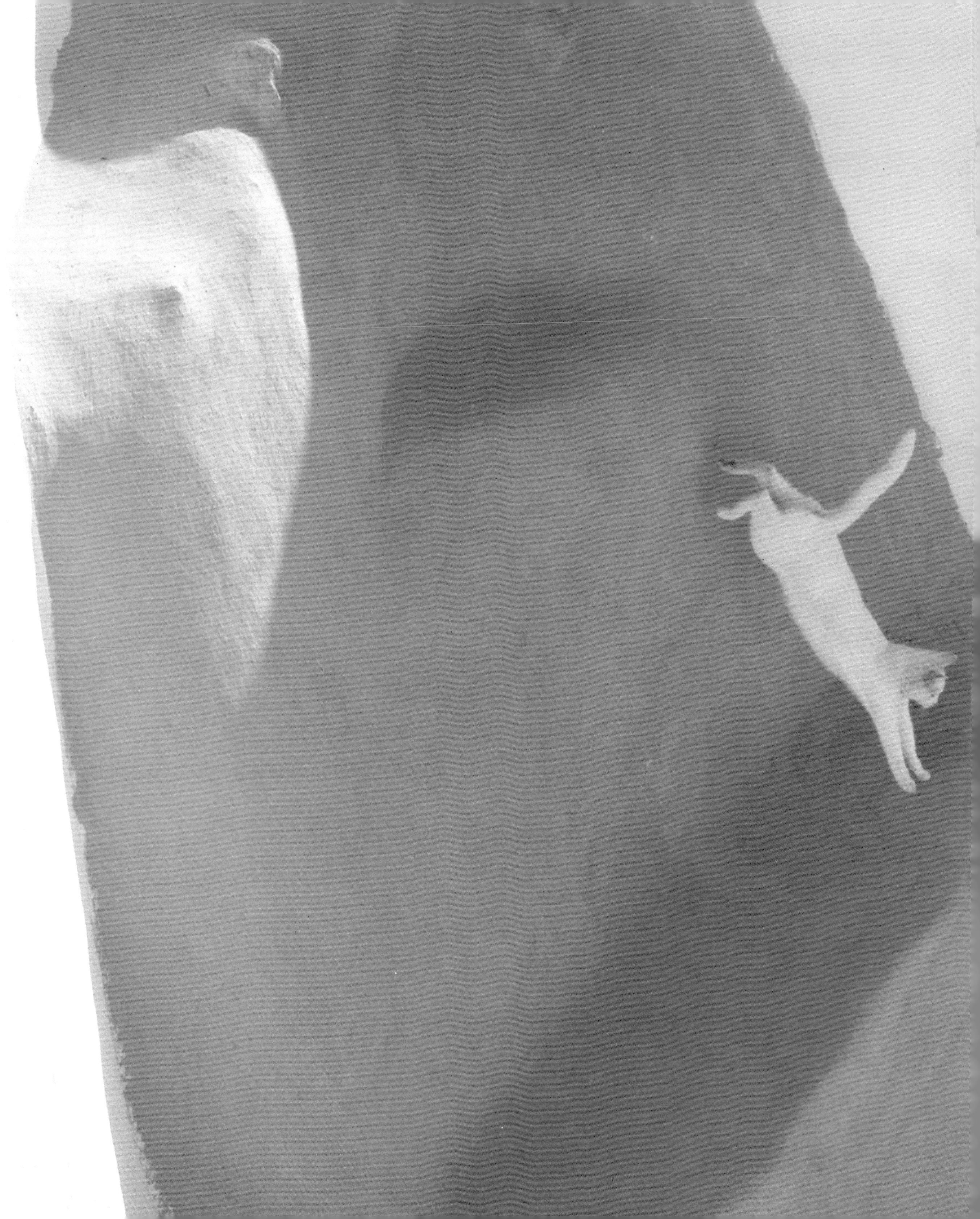

Hans W. Silvester

Wenn Katzen träumen...

Ellert & Richter Verlag

Betrachten Sie diese friedlich vor sich hin schlummernden Katzen genau, und Sie werden erkennen, es sind wahre Meister der Entspannung.
Die Katzen auf den Kykladen-Inseln können sich überall ausruhen, auf einem Betonboden, auf einem Teppich oder hoch oben in einem Baum. Aber in Wirklichkeit sind sie sehr wählerisch, was ihren Schlafplatz betrifft; entweder entscheiden sie sich für einen in der Sonne oder im Schatten, auf dem Boden oder in der Höhe, im Wind oder windgeschützt.
Katzen können leicht zehnmal am Tag ihren Schlafplatz verändern, aber immer suchen sie möglichst viel Komfort und vergessen dabei nie ihre Sicherheit. Selbst im Tiefschlaf lassen sie sich nicht überraschen, beim geringsten unbekannten Geräusch springen sie auf und sind zur Flucht bereit.
Um ruhende Katzen fotografieren zu können, muß man ihr totales Vertrauen besitzen. Die geringste Störung genügt, und sie verändern ihre natürliche Haltung. Hinzu kommt noch, daß die Griechen zur selben Zeit ihre Mittagsruhe halten, und so ist man allein mit den Katzen. Sie fühlen sich schnell von demjenigen gestört, der dieses Ritual nicht respektiert.
Seit mehreren Jahren beobachte ich so diskret wie nur möglich die Katzen bei der Siesta. Auf den griechischen Inseln, wie auch überall sonst auf der Welt, legen Katzen sehr großen Wert auf diesen Moment der Erholung, er ist absolut lebenswichtig für sie. Sich an einem gemütlichen Platz auszuruhen ist angenehm, aber Sie werden an meinen Fotos erkennen, eine Siesta zu zweit oder mehreren erhöht das Vergnügen; und dazu noch verliebt zu sein – das ist das Paradies auf Erden für die Katze.
Ich bin ein begeisterter Anhänger der Siesta, und ich muß ehrlich gestehen, daß ich oft neidisch bin, wenn ich die schlafenden Katzen beobachte. Ich würde mich freuen, wenn diese Bilder Sie dazu bringen würden, die Katzen nachzuahmen. Aber es ist nicht so einfach, wie man denkt, eine Siesta so zu genießen, wie sie es können. Man braucht dazu ein wenig Übung und auch

Willen. Erkennen Sie den Wert dieser Erholung, dann werden Sie verstehen: Die Siesta der Katzen ist Lebenskunst.

Der nächtliche Schlaf ist ein Naturgesetz für den Menschen und viele Tiere; Siesta zu halten ist etwas ganz anderes. Es ist das Vergnügen, sich während einer selbstgewählten Tageszeit zu entspannen, vor sich hin zu träumen.

Immer bin ich beim Anblick von schlafenden Tigern, Löwen, Geparden bis hin zur einfachen kleinen Straßenkatze sprachlos vor Bewunderung. Von den Krallen bis zur Schwanzspitze – ihr ganzer Körper ist Entspannung, Erholung und Genuß.

Die Beziehungen des Menschen zu den Haustieren haben sich in den letzten 30 Jahren enorm verändert. Nur Hund und Katze hatten das große Glück, nahe Freunde des Menschen zu werden. Fast ein Fünftel der Bevölkerung aller reichen Länder hält sich einen Hund oder eine Katze. Auf den ersten Blick scheint dies reiner Luxus zu sein. Die Anzahl der Hunde, die noch dem Menschen helfen, ist äußerst gering. Die natürliche Bestimmung der Katze, Mäuse zu fangen, ist nicht mehr gefragt. Die jährlichen Ausgaben für diese Haustiere entsprechen dem Haushaltsbudget einiger Länder der dritten Welt.

In Wirklichkeit erfüllen diese Millionen von Hunden und Katzen eine sehr wichtige Aufgabe in unserer modernen Gesellschaft. Unzähligen Kindern, Männern und Frauen bringen diese Vierbeiner Freude ins Haus. Ohne sie wäre das Leben viel ärmer und die Allgegenwart der Maschine noch erdrückender für den Menschen. Durch Züchtung ist es gelungen, die Größe der Hunde zu reduzieren. Verschiedene Rassen sind heute sogar kleiner als Katzen, es sind richtige „Wohnzimmertiere“. Haben Sie schon bemerkt, wie weit sie sich an unser Leben angepaßt haben? Die Hunde reisen gern im Auto, und sogar Katzen akzeptieren Ortsveränderungen. Auch ihre Nahrung hat sich stark gewandelt. Sie bekommen nicht

mehr die Reste der Mahlzeiten oder was der Metzger ihnen gutmütigerweise abgibt, sondern sie fressen speziell für sie in hochmodernen Fabriken zubereitetes Futter.
Diese vierbeinigen Freunde sind jederzeit bereit, Freuden und Sorgen ihrer „Frauchen“ und „Herrchen“ zu teilen. Für viele Menschen sind sie das einzige Mittel gegen die Einsamkeit. Wer mit einem Tier zusammenlebt, weiß genau, daß sein Partner ein völlig anderes Zeitempfinden hat. Für eine Katze ist Zeit wie Luft, das heißt grenzenlos. Niemals kümmert sie sich um den Ablauf der Zeit. Ihre Lebensbedingungen haben sich deutlich verbessert: Reichlich Futter, viel Liebe, Bequemlichkeit, gute medizinische Betreuung gewähren ihr ein problemloses Leben.
Doch jedermann weiß, daß die gewaltige Anzahl von Hunden in den Städten erhebliche Probleme verursacht. Nur ein Beispiel: Für die Beseitigung des Hundekots müssen in Paris täglich zahlreiche „motos-crottes“ (Motorräder mit Kotsaugern) eingesetzt werden.
Paradoxerweise hat sich gleichzeitig das Leben der anderen Haustiere sehr verschlechtert. Mit Ausnahme der Pferde, von denen es immer weniger gibt, die sich aber eine bevorzugte Stellung bewahren konnten, wurden die Lebensumstände aller anderen Nutztiere vom Menschen stark verändert. Heute müssen Haustiere wirtschaftlich und gewinnbringend sein. Die Milchkühe sind Milchfabriken geworden, die mindestens 25 Liter pro Tag, 9 000 bis 10 000 Liter pro Jahr geben müssen. Lebenslänglich angekettet im Stall, produzieren sie wie Maschinen. Das Gras der Wiesen fressen, Hörner haben, zum Stier geführt werden, ihr Kalb säugen – all das stammt fast aus einer vergangenen Zeit. Dennoch – wer kennt nicht das Bild friedlich wiederkäuender Kühe mitten auf einer Blumenwiese!
Es ist nicht schwer zu begreifen, daß die unter solchen Umständen gewonnene Milch niemals die Qualität und den Geschmack der Milch einer Weidekuh

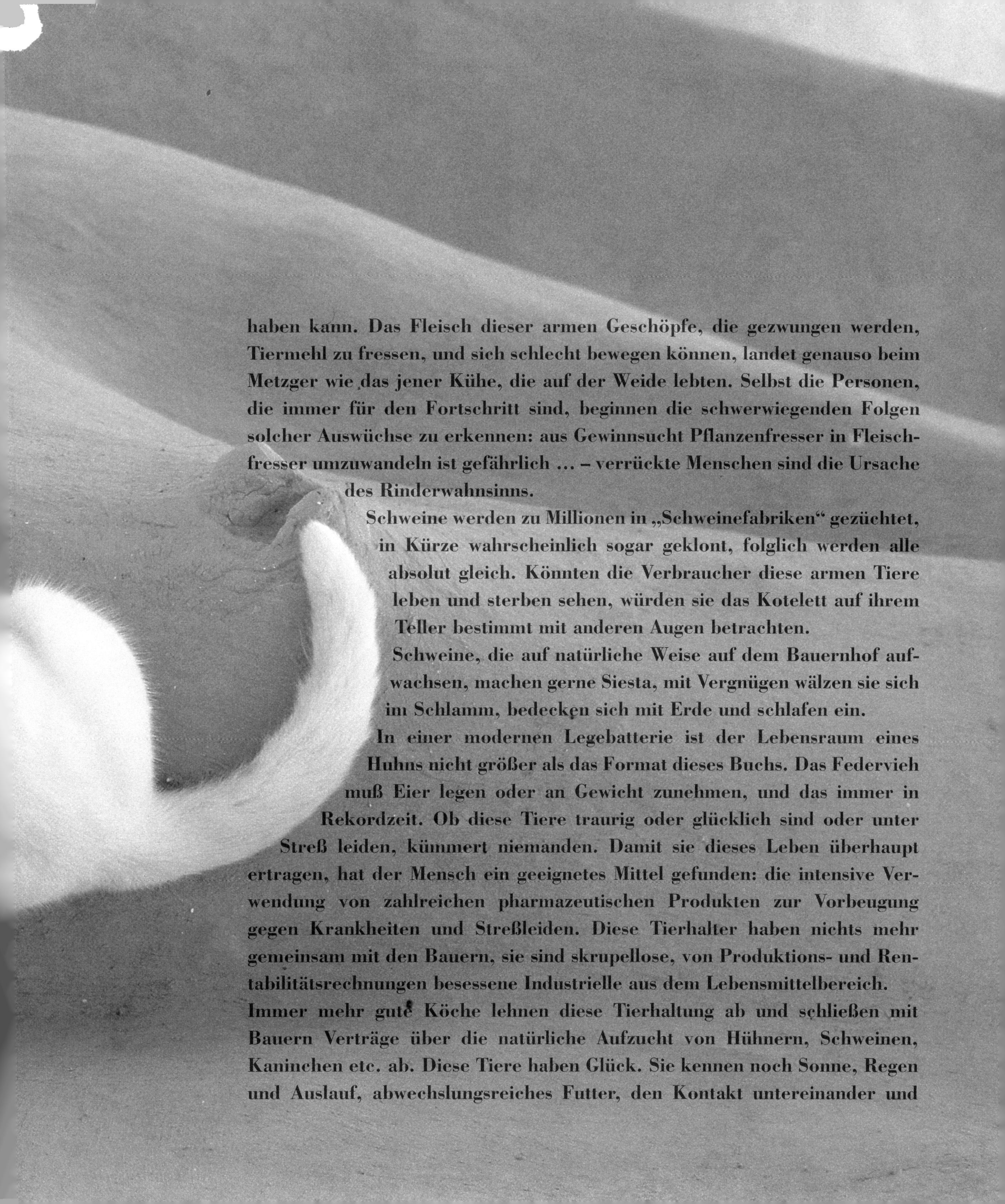

haben kann. Das Fleisch dieser armen Geschöpfe, die gezwungen werden, Tiermehl zu fressen, und sich schlecht bewegen können, landet genauso beim Metzger wie das jener Kühe, die auf der Weide lebten. Selbst die Personen, die immer für den Fortschritt sind, beginnen die schwerwiegenden Folgen solcher Auswüchse zu erkennen: aus Gewinnsucht Pflanzenfresser in Fleischfresser umzuwandeln ist gefährlich … – verrückte Menschen sind die Ursache des Rinderwahnsinns.

Schweine werden zu Millionen in „Schweinefabriken" gezüchtet, in Kürze wahrscheinlich sogar geklont, folglich werden alle absolut gleich. Könnten die Verbraucher diese armen Tiere leben und sterben sehen, würden sie das Kotelett auf ihrem Teller bestimmt mit anderen Augen betrachten.

Schweine, die auf natürliche Weise auf dem Bauernhof aufwachsen, machen gerne Siesta, mit Vergnügen wälzen sie sich im Schlamm, bedecken sich mit Erde und schlafen ein.

In einer modernen Legebatterie ist der Lebensraum eines Huhns nicht größer als das Format dieses Buchs. Das Federvieh muß Eier legen oder an Gewicht zunehmen, und das immer in Rekordzeit. Ob diese Tiere traurig oder glücklich sind oder unter Streß leiden, kümmert niemanden. Damit sie dieses Leben überhaupt ertragen, hat der Mensch ein geeignetes Mittel gefunden: die intensive Verwendung von zahlreichen pharmazeutischen Produkten zur Vorbeugung gegen Krankheiten und Streßleiden. Diese Tierhalter haben nichts mehr gemeinsam mit den Bauern, sie sind skrupellose, von Produktions- und Rentabilitätsrechnungen besessene Industrielle aus dem Lebensmittelbereich.

Immer mehr gute Köche lehnen diese Tierhaltung ab und schließen mit Bauern Verträge über die natürliche Aufzucht von Hühnern, Schweinen, Kaninchen etc. ab. Diese Tiere haben Glück. Sie kennen noch Sonne, Regen und Auslauf, abwechslungsreiches Futter, den Kontakt untereinander und

zum Menschen. Sie können sich frei bewegen und bequem schlafen, soviel sie wollen. Wenn man sich schließlich entscheidet, sie zu schlachten, beendet man ein Leben, das es wert war, gelebt zu werden. Die Qualität des Fleisches ist die Belohnung.

Die Zukunft vieler Wildtiere ist gefährdet, und die Liste der durch den Menschen vom Aussterben bedrohten Tierarten wird von Tag zu Tag länger. Die Lage ist mehr als nur bedenklich: Man weiß, daß täglich mindestens 50 Arten für immer von der Erde verschwinden. Eine erschreckende Erkenntnis: etwa 20 000 Arten weniger pro Jahr, und wir alle sind Zeugen dieser Situation.

In der Provence, wo ich seit 35 Jahren auf dem Land lebe, habe ich die auffällige Abnahme von Schmetterlingen und allen möglichen Insektenarten beobachten können. Manche Vogelarten sind praktisch ganz verschwunden. Selbst heimische Säugetiere sind sehr selten geworden. Heutzutage ist es schon außergewöhnlich, auf einem Spaziergang in den Hügeln der Provence einem wilden Tier zu begegnen. Die chemische Industrie, die intensive Landwirtschaft, die Jagd und der Straßenverkehr sind die vier Hauptverantwortlichen für dieses Massensterben der regionalen Fauna.

Diese immer schneller stattfindenden Veränderungen, die Haus- und Wildtier gleichermaßen betreffen, haben zur Folge, daß die Bindung des Menschen an seine Katze oder seinen Hund immer enger wird – eine weltweite Erscheinung. Es gibt natürliche klimatische Grenzen wie zum Beispiel die Grenze des Olivenbaums. Südlich dieser Linie, die in Wirklichkeit den Norden vom Süden trennt, halten die Menschen Siesta; eine Tradition, die tief in den Kulturen der Mittelmeerländer verwurzelt ist. Während der heißen Stunden des Tages ruht das pulsierende Leben; erst gegen Abend werden die Menschen wieder aktiv. In Griechenland sowie den anderen Mittelmeerländern ist dieser Lebensrhythmus heutzutage weniger ausgeprägt als in früheren Zeiten.

Das Wort „siesta" gibt es nicht im Wortschatz des Nordens. Die englische und die deutsche Sprache haben es aus dem Spanischen übernommen. Im nördlichen Europa hat „siesta" jedoch einen negativen Beigeschmack und wird mit der Vorstellung des unproduktiven Nichtstuns in Verbindung gebracht. Heutzutage dominiert der Norden: Dort sind Geld und politische Macht konzentriert, dort werden die richtungweisenden Entscheidungen getroffen, und der Süden ist gezwungen, sich anzupassen. Die Menschen aus dem Norden sind mit Kritik an den Südländern schnell bei der Hand, aber als Touristen lehnen sie jede Veränderung des Südens ab. Wir alle kennen Sätze wie: „Früher war alles viel schöner und angenehmer, aber jetzt sind hier zu viele Leute, zuviel von diesem, zuviel von jenem ...". Und doch findet jedes Jahr von neuem eine dem Vogelzug vergleichbare Massenwanderung gen Süden statt, Millionen von „Bleichgesichtern" suchen die Sonne und fliehen vor dem disziplinierten Leben im industrialisierten Norden. Die Sonne und die Lebenskunst der Südländer ziehen diese ständig von Eile getriebenen Menschen an.

Wie jeder weiß, ist es in den südlichen Ländern üblich, nach dem Mittagessen eine Ruhepause, die „Siesta", einzulegen. Diese Mittagsruhe ist eine Quelle der Energie und des Wohlbefindens und viel mehr als nur ein einfacher Mittagsschlaf – eine Zeit des Wachtraums, in der der Geist frei und unbeschwert umherschweifen darf. Eine richtige „Siesta" ist ein Moment der vollkommenen Entspannung für Körper und Geist, ohne daß dabei das Bewußtsein völlig erlischt. Sie ist nicht nächtlicher Tiefschlaf, sondern ein leichtes Dösen, ein Halbschlaf, ein Lockerlassen des Willens, ein Wiederfinden der Instinkte. Die

Zeit existiert nicht mehr, die Realität ist weit entfernt, man findet sich wieder, ohne sich zu suchen.
Wer wirklich lernen möchte, die Siesta zu genießen, dem empfehle ich eine Katze als Lehrmeister.
Für mich, im Norden geboren und im Süden lebend, ist die Siesta sehr wichtig. Während der Sommermonate ist „Siesta machen" für mich genauso wichtig wie Essen und Trinken. Um mich in meiner Haut wirklich wohl zu fühlen, ist mir diese kurze Ruhepause unerläßlich.
Für Katzen ist die Siesta eine ernsthafte Angelegenheit, sie dabei zu stören, ist fast ein Verbrechen. Die Geschichte sagt, daß der Prophet Mohammed seinen Umhang in zwei Teile schnitt, um seine Katze nicht zu stören, die darauf schlief.
Eine Katze lebt nach ihren Wünschen und Launen. Sie schläft, wann immer sie Lust dazu hat – zu jeder Tages- und Nachtzeit. Die Vorderpfoten benutzt sie als Kissen, das Fell dient ihr als Matratze, und den Schwanz ringelt sie wie zum Schutz um sich. Häufig träumt sie – dann geht ein Zucken und Zittern durch den ganzen Körper. Die Träume sind manchmal so heftig, daß sie sogar aufwacht.
Der „Fortschritt" verändert unser Zeitgefühl. Heutzutage funktioniert alles viel schneller, und dennoch haben wir immer weniger Zeit. Geschwindigkeit ist zu einem permanenten Ziel geworden, ohne daß wir wissen, warum. Wir haben ganz vergessen, daß wir nur die starken Emotionen, also die interessanten, freudigen oder schmerzlichen Erlebnisse, im Gedächtnis behalten. Der Dichter René Char sagt: „Das Wesentliche wird ständig bedroht vom Bedeutungslosen."
Ununterbrochen leiden wir unter unseren eigenen Anforderungen. In unserer modernen Welt ist der Besitz von Geld zu einer absoluten Notwendigkeit

geworden.
Es scheint uns, daß wir ohne Geld nicht mehr leben können. Keiner von uns kann dem schrecklichen Druck dieser Wirklichkeit entrinnen.
Wir haben keine Zeit mehr: keine Zeit zum Verschwenden, Verschenken, Verlieren, keine Zeit mehr, einfach nichts zu tun, zu träumen, zu dösen; kurz gesagt: eine Siesta zu halten.
Gerade aus diesem Grund bewundern wir unsere Katzen. Wir leben mit ihnen zusammen und erkennen, daß sie weder von Sorgen noch von Streß geplagt sind. Bewundern wir unsere Freunde, die Katzen, ja aber vor allem, lernen wir doch ein wenig von ihrer Weisheit: Für sie ist Leben und Zeit haben dasselbe.

Hans W. Silvester

Γ.Τ.Κ44
ΝΑΟΥΣΗΣ
Β'14

400
cape

4

LA SCALA

6
5

Die Deutsche Bibliothek – CIP-Einheitsaufnahme

Silvester, Hans W.:
Wenn Katzen träumen … / Hans Silvester. – Hamburg:
Ellert und Richter, 1997
Einheitssacht.: Sieste et Tendresse <dt.>
ISBN 3-89234-763-8

Übersetzung aus dem Französischen:
Hans W. Silvester, Gordes
Fotos: Hans W. Silvester
Lektorat: Simone Walper, Hamburg
Titelgestaltung: Büro Hartmut Brückner, Bremen
Titellitho: Offset-Repro im Centrum, Hamburg
Satz: KCS GmbH, Buchholz/Hamburg